Antje Sabine Naegeli

Schneckenhaus Zeit

Vom heilsamen Rückzug

LIEBE LESERIN, LIEBER LESER

Der Einsiedlerkrebs hat seine Wohnung in einem leer gewordenen Schneckenhaus. Zwei- bis dreimal im Leben muss er dieses schützende Haus verlassen, weil es zu klein geworden ist. In dieser Zeit ist er ganz besonders gefährdet, und doch ist der Wechsel in ein größeres Schneckenhaus um seines Lebens willen notwendig geworden.

Wir alle kennen Lebensphasen, die es notwendig machen, Altes und Vertrautes hinter uns zu lassen um aufzubrechen in noch Ungekanntes. Alte Lebensabschnitte neigen sich ihrem Ende zu und drängen uns zum Weitergehen. Die Zeit des Übergangs ist nicht selten eine Zeit der Krise. Selbstzweifel, Verunsicherung, Ängste, Trauer und seelische Schmerzen werden zu unseren Begleitern.

Es tut uns gut, Menschen zu begegnen, die vertraut sind mit den Erfahrungen, die wir in dieser Zeit machen, die nicht nur um die Gefährdung wissen, sondern auch das Vertrauen auf neue Lebensmöglichkeiten in sich bewahrt haben. Von ihnen brauchen wir Zuspruch und Ermutigung, Worte, die uns in schweren Momenten behausen und trösten können und die uns auf neue, lebensvolle Wege weisen. Dieses Büchlein möchte so ein Schneckenhaus sein, ein „Wetterhäuschen" vielleicht, das zum Hineinschlüpfen einlädt.

Ihre Antje Sabine Naegeli

Mich finden lassen

MICH ÖFFNEN
der Kraft,
die mich aushalten lässt,
wenn mein Weg sich verliert
im Ungewissen
und die Angst
tausend Gespenster weckt.

Mich finden lassen
von dem, was überleben hilft,
wenn ich verwundet bin
und meine Haut
dünn und rissig wird.

Worte suchen,
die mich bewahren
vor dem Verstummen.
Geschehen lassen,
dass ich zuweilen
nichts tun kann
als geduldig warten,
bis Anfang und Ende
einander die Hand reichen.

ÜBERALLNIRGENDS

begegne ich dir
Den Bogen deiner Brauen
erkenne ich wieder
deine gesenkten Lider
in fremden Gesichtern
Manchmal
nur einen Augenblick lang
bewegt sich einer
wie du
Ein anderer lacht
dein Lachen
Nachts trommelt der Regen
deinen Namen
gegen die Fensterscheiben
Und der Sternenhimmel
baut eine Brücke
zwischen dir und mir

DU GOTT VERSUNKENER ZEITEN,
begraben
unter verwelkten Worten,
verloren
wie eine zerbrochene Liebe,
Verlassenheit
schließt mich ein,
Trauer
hält mich gefangen.
Es gibt keine Heimkehr
in alte Welten,
ins Nichts
greift die enttäuschte Hand,
will sie dich halten.

Und doch streift mich manchmal
mitten im Wachen ein Traum.
Dann führt der Abschied
mich zu neuen Ufern,
und aus fremden Fernen
wächst dein Name
mir grün entgegen.

DEN NEUEN TAG WILLKOMMEN HEISSEN.
Weitergehen, obwohl er dir
seine Last auflädt.
Weitergehen, obwohl vieles
dagegen spricht.
Weitergehen, obwohl Aufgeben
leichter wäre.
Die Hoffnung wagen,
dass auch dieser Tag
seinen Engel hat.
Unseren täglichen Mut
gib uns heute.

ICH SAGE NICHT

Steh auf
meine Schwester
denn ich weiß
deine Füße
tragen dich nicht
Zu Boden drückt dich
das Felsgestein
der Verlassenheit
Gelähmt
dein Atem
Gebrochen die Flügel
Kein Himmel mehr
über dir
Zerrinnender Sand
meine Worte
Wirf deine Klage
in mein Schweigen

MICH WUNDERT'S,
dass die Sterne
nicht müde werden,
uns zu leuchten,
obwohl die Menschen
keine Zeit mehr
für sie haben
und keine Sprache,
ihnen zu antworten.
Vielleicht
haben sie die Hoffnung
nicht aufgegeben,
dass wieder Augen sich öffnen
für das Wunderbare.

ICH WÜNSCHE DIR,
dass du beweinen kannst,
was du entbehrt
und verloren hast,
ohne in der Trauer
Wurzeln zu schlagen.

Ich wünsche dir,
dass du Zorn fühlen kannst
auf das, was Menschen
dir angetan haben,
ohne im Unversöhnlichen
zu erstarren.

Heilender Friede
wachse dir zu,
dass Vergangenes
dich nicht mehr quäle
und böse Erinnerung
dir nicht mehr
zur Fessel werde.

Zuversicht ziehe ein,
wo die Ohnmacht haust,
dass du aufstehst,
dein Leben zu wagen.

Ich wünsche dir,
dass du aushalten kannst
im wirren Durcheinander
der Gedanken und Gefühle,
in Zorn und hilflosem Fragen.

Mögest du behütet bleiben
auf den Wegen der Trauer
bis das Dunkel
dich freigeben muss
und ein neuer Tag heraufsteigt.

Einen Engel wünsche ich dir,
dich bei der Hand zu nehmen
auf dem Weg der Angst,
dass du nicht umkommst
in deiner Verlassenheit.

Mögest du finden
was deine Seele braucht,
um nicht zu verkümmern.

Ich wünsche dir,
dass du dir nicht verlorengehst
inmitten der Erschütterung,
dass Zorn und Wut
sich nicht gegen dich selber richten,
sondern dir Kraft geben,
dich vom Gestern zu lösen.

Mögest du davor bewahrt sein,
dich aufzugeben,
weil du vergeblich gekämpft hast,
dem Leben die Tür zu weisen,
weil es dir schwer zu tragen gibt.

Einen Engel wünsche ich dir,
dich heilend zu berühren
und Zuversicht keimen zu lassen,
wo alles verloren scheint.

DEM TAG VERZEIHEN,
dass er sein Versprechen
nicht gehalten hat.
Die Tür hinter ihm schließen.
Mich tragen lassen
ans Ufer der Nacht.
Den Schlaf erwarten
wie einen Freund
und vielleicht
meinem Engel begegnen.

WENN DU DICH SELBER

nicht mehr verstehst,
weil du hin- und hergeworfen wirst
zwischen Flucht und verzweifeltem Festhalten,
dann wünsche ich dir,
dass du dir geduldig
und verstehend begegnen darfst.
Es ist nicht leicht,
in einem aufgewühlten Meer
die Richtung der Wellen zu erkennen.
Es ist nicht leicht,
entschlossen seinen Weg zu gehen,
wenn die Angst
dich zurückwirft.
Manchmal werden es Träume sein,
die dir den Mut zurückgeben.
Manchmal werden schmerzliche Erfahrungen
neuer Bestätigung bedürfen,
um Rückenwind zu erlangen.
Ein verstehender Mensch
kann entwirren helfen,
was du allein nicht zu ordnen vermagst.
Mögest du am Ende dorthin finden,
wo dein Leben gedeihen kann.

GROSSE SCHÖNE NACHT,
birgst mich
in deiner Höhle.
Sammelst
die verstreute Herde
meiner Gedanken,
sie heimzuführen
ins Schweigen.
Tröstend grüßen mich
meine Freunde, die Sterne,
bereit, mich mitzunehmen
auf den Traumpfad.

DAS ALTE VERLASSEN
Worte finden
gegen die Angst
Schritt um Schritt
wächst der Weg
unter deinen Füßen
Schritt um Schritt
wächst dein Name
auf dich zu.

Deine Füße
werden dich tragen

LASS MICH BEI DIR SEIN

mit guten Gedanken,
mit der Hoffnung,
dass deine Füße dich tragen,
wenn du den Alleingang wagst.
Die Schatten,
die deine Jahre verdunkelt haben,
mögen an Macht verlieren
und hinter dir zurückbleiben,
dass Versteinertes
zu neuem Leben erwache
und dein Verstummtsein
ein Ende finde.
Bilder des Friedens
und Gedanken der Ermutigung
mögen den Weg in dein Herz finden,
dich aufzurichten
zu deiner wahren Gestalt
und deiner Seele Flügel zu geben.

DU MUSST NUR WOLLEN,
sagen sie,
und schütten dich zu
mit gutgemeinten Ratschlägen.
Als ob du nicht längst gehandelt hättest,
wenn du könntest,
wie du wolltest,
als ob die Tür,
die nach draußen führt,
sich ohne weiteres öffnen ließe ...
Wenn die „Tröster" trösten könnten,
würden sie dir die Hoffnung hüten,
dass das Leben selber
den Weg zu dir findet,
mächtig genug, Mauern zu sprengen
und Erstarrtes zu bewegen,
farbig genug, die graue Leere zu entmächtigen
und ein neues Singen erklingen zu lassen,
wo das Verstummen herrscht.

NIMM DICH IN ACHT

vor den Bescheidwissern,
die dich unter ihren Ratschlägen
begraben,
vor den Antwortbesitzern,
die ihre Lösungen
gebrauchsfertig zur Hand haben.
Den Weisen erkennst du
an seiner Achtsamkeit,
am Mut,
die Mühsal des Tastens und Fragens
auf sich zu nehmen,
den Weg durch Ungewisses
geduldig zu wagen.

DEN TAG NICHT VERLOREN GEBEN.

Vielleicht begegne ich einem,
der ein paar Schritte mit mir geht.
Vielleicht fällt ein Wort
in mein Herz und malt
eine Spur aus Licht.
Vielleicht geht etwas über auf mich
von der Freude,
die einer teilt mit mir.
Vielleicht besucht mich
ein Trostgedanke
und ein Lächeln geht auf in mir.
Vielleicht wartet einer
auf mein Verstehen
und ich erfahre,
dass ich wichtig für ihn bin.
Vielleicht zieht der Unmut
von gestern sich zurück
und gibt den Blick frei
für etwas Schönes.
Es könnte doch sein,
dass ich am Abend erkenne,
der Tag war gut.

BESCHENKT BIST DU.
Es gibt Menschen,
die dein Erleben nicht unberührt lässt,
deren Verstehen dir wohltut
trotz aller Begrenztheit.
Kostbar sind alle,
die dich in Schutz nehmen,
wenn andere über dich herfallen
wie Raubtiere über ihre Beute.
Gesegnet sollen sein,
die dich nicht allein lassen,
wenn du nicht mehr weißt,
wie es weitergehen soll.

DIE NACHTWOLKEN

an deinem Himmel
kann ich nicht vertreiben,
deinen Schmerz
kann ich nicht von dir nehmen,
das Verlorene
nicht wiederbringen.
Lass mich dennoch
arm, wie ich bin,
an deiner Seite bleiben,
bis das Leben
die zarte Spur der Hoffnung
in dein Herz zeichnet.

LASS AUFERSTEHEN
die Worte
die dir Arche waren
in der Gesternflut
Lass auferstehen
die Umarmung
die dich für Augenblicke
ans Ufer trug
Wecke die Lieder
gegen die Angst
Lass auferstehen
das Wissen
dass du den Untergang
mehr schon als einmal
überlebt hast

MÖGEST DU DER SPUR

des Ewigen begegnen
an diesem Tag
und daraus Kraft schöpfen
für deinen Weg.

Finden sollst du,
was dir Aufwind gibt
und dich zu dir selbst ermutigt.

Ein Wort der Liebe
möge dir zugedacht sein,
das dich wärmt und erfrischt.

Zärtlichkeit wohne
in deiner Seele,
dass Wort und Blicke gesegnet seien
und Gutes gedeihe
unter deinen Händen.

Auch wenn du
ins Ungewisse gehst,
Schutz sollst du finden
unter dem Dach der Zuversicht.
So gebe es Gott.

EIN WORT
durchwärmt
von deinem Atem
ernenne ich
zu meinem Stern.
Ich werde ihn lange
in meiner Manteltasche
tragen.

Manchmal ein Klang,
der dich mitnimmt
ins Morgenlicht.
Manchmal die Hand
eines Menschen,
die dir das Aufstehen
leicht macht.

Einen neuen Anfang
wagen

ES IST GUT,

einen neuen Anfang zu wagen.
Zuversicht
möge dich begleiten
wie eine Freundin,
deren Gegenwart dich stärkt.
Der Geist des Vertrauens
möge überwachsen,
was zerrissen ist in dir,
dass dein Blick sich weite
und du das Kostbare erkennst
neben dem Nichtigen,
das Tröstende
an der Seite des Erschreckenden,
das Heilende
neben dem Versehrenden,
den Raum der Freiheit
inmitten allen Gefangenseins.
Mögest du dieses Leben
in all seinen Widersprüchen
an dein Herz nehmen können
und getrost deinen Weg gehen.

ICH WÜNSCHE DIR,

dass der Weg,
den du allein weitergehst,
unter einem guten Stern stehe.
Auch wenn der Mut
dich manchmal verlassen wird
und Wellen der Angst
über dir zusammenschlagen mögen:
In dir ist mehr Kraft,
als du jetzt ahnst.
Du wirst viel Geduld nötig haben
bis du verstehen lernst,
was dir geschehen ist,
und sich zu ordnen beginnt,
was dich heillos verwirrt.
Es wird seine Zeit brauchen,
bis Vertrauen nachwächst
und Angst sich legt.
Ich wünsche dir,
dass du schwach sein kannst,
ohne dich niederzulassen
in Trauer und Ohnmacht,
dass du Schmerzen aushalten kannst
in der Hoffnung, über sie hinauszuwachsen
und der Neugier auf Leben,
wie es auch für dich sein könnte,
Tor um Tor zu öffnen.

ICH WILL MICH
nicht einrichten
im lichtlosen Grau
Ich lasse es mir
nicht ausreden
dass hinter dunklen Horizonten
neue Welten
sich auftun
Ein fremder Vogel
grüßt mich
farbenfroh
durchs offene Fenster

ACHTSAM WILL ICH SEIN

mit mir,
mich nicht mehr vergleichen
mit denen,
die ihr Leben mutiger
und entschlossener
in die Hand nehmen,
als ich es vermag.
Es gehört zu meinem Weg,
dass es Tage gibt,
da die kleinste Herausforderung
mir zum Fallstrick wird
und die Verlassenheit
ein uferloser Krater,
der mich verschlingt.
Ich will annehmen lernen,
dass meine Grenzen enger sind,
als ich es mir wünschte.
Auch wenn ich wenig Kraft habe,
will ich suchen nach dem,
was mir Heimat gibt
in diesem gänzlich veränderten Leben.
Jeden Moment des Friedens
und der leisen Hoffnung
will ich dankbar
willkommen heißen
und tief in mich hineinnehmen.

WIRD KOMMEN
der Tag
da ich mich häute
und abstreife
die Trauer
Wird kommen
der Tag
da ich mich hülle
in die Farben
des Regenbogens
zu tanzen
auf den Gräbern
von gestern

IM STAUB
grauer Stunden
den leuchtenden
Augenblick finden
Heute
besucht mich
die Hoffnung
deren Namen
ich nicht weiß

NICHT FRAGEN
was morgen ist
Genug
dass heute
Dinge mich finden
die Leben verheißen

AMSELN

singen sich
in den Tag
Farben fallen
in mein Morgengrau

MAG SEIN

dass morgen
Bedrängnis
mich einholt
Heute
lasse ich mich trösten
vom Leuchten
des Mohns
vom Flug
der Libelle
vom festlichen Klang
der Wassermusik
und feiere
die Heimkehr
guter Erinnerungen

ES IST ALLES,

wie es war,
und doch ist alles
ganz anders.
Du weißt nicht,
warum der Tag
dich sanfter anschaut
und dein Herz
so sonderbar getröstet ist,
warum das Niegehabte
dich nicht quält
und die Stimmen
der Erbitterung
verstummt sind.
Seltsames Leben,
das fallen macht
und aufstehen lässt,
dich in die Flut wirft
und wieder ans Ufer trägt.

EINES TAGES
wird der Abgrund
hinter dir liegen.
Die Hoffnung
soll uns erzählen
von der Heimkehr
der Freude
in dein Haus,
von wärmeren Tagen,
die Mut wachsen lassen.
Lass uns träumen davon,
wie es sein wird,
wenn die Fessel der Angst
sich löst
und du aufbrichst
in ein Land,
das Leben verspricht.
Eines Tages
wird das Gestern
dich nicht mehr gefangen halten
und Friede wird einziehen
in dein Herz.

Die Verlagsgruppe Patmos ist sich ihrer Verantwortung gegenüber unserer Umwelt bewusst. Wir folgen dem Prinzip der Nachhaltigkeit und streben den Einklang von wirtschaftlicher Entwicklung, sozialer Sicherheit und Erhaltung unserer natürlichen Lebensgrundlagen an. Näheres zur Nachhaltigkeitsstrategie der Verlagsgruppe Patmos auf unserer Website
www.verlagsgruppe-patmos.de/nachhaltig-gut-leben

Zur Autorin:
Antje Sabine Naegeli, geboren 1948 in Schleswig-Holstein, Studium der evangelischen Theologie, psychotherapeutische Ausbildung zur Logotherapeutin und Existenzanalytikerin. Lebt in St. Gallen/Schweiz und arbeitet dort in eigener Praxis. Sie ist im deutschsprachigen Raum eine gefragte Referentin. Zahlreiche Veröffentlichungen zu spirituellen und psychologischen Themen.
www.naegeli-sg.net

Zuletzt sind von Antje Sabine Naegeli im Verlag am Eschbach
unter anderem erschienen:
Lebwohl, mein lieber Hund (70899)
Mit mehr als nur den Augen sehen. Mit ChrisTina Naegeli (70914)
Jahresringe. Von der Lebenskunst des Älterwerdens (70869)
Du bist noch immer da (70562)
Hinter den Wolken das Licht (70768)
Entdecke, was dich ganz sein lässt (70807)

Bildnachweis:
milart (Umschlag), Mark Brandon (VS, NS), Jacek Fulawka (S. 4), Svetography997 (S. 12/13), Olga Donchuk (S. 18), Natali Strelnik (S. 22/23), kristof lauwers (S. 28), Tendais (S. 34/35), Artiste2d3d (Gräser), Kanea (Muscheln), alle shutterstock.

Verlagsgruppe Patmos in der Schwabenverlag AG, Ostfildern
Im Alten Rathaus/Hauptstraße 37
D-79427 Eschbach/Markgräflerland

www.verlag-am-eschbach.de

Gesamtgestaltung: Angelika Kraut, Verlag am Eschbach
Kalligrafie: Ulli Wunsch, Wehr
Herstellung: Grafisches Centrum Cuno GmbH & Co. KG, Calbe
Hergestellt in Deutschland
ISBN 978-3-98700-029-4

Dieser Baum steht für klimaneutrale Produktion,
umweltschonende Ressourcenverwendung,
individuelle Handarbeit und sorgfältige Herstellung.